Manzanas por Vida

Adán Zepeda

autor ~

Adán Zepeda

ilustrador ~

Nancy Glon

Library of Congress Catalog Card Number 99 - 93663

ISBN: 0-9651440-1-1

Printed in the United States of America

First Edition

Evangel PRESS

2000 Evangel Way
Nappanee, Indiana 46550-0189

This book belongs to~

_____

_____

_____

Nuestra gratitud a aquellos que han ayudado a convertir este libro de un sueño a una realidad, y especialmente a Leo Pineda por sus conocimientos en el proceso de las manzanas y su valiosa información. También damos las gracias a la señora Olga Larimer, Especialista en Educación Bilingüe, por la traducción de este libro, Manzanas Por Vida, del Inglés al Español.

Este libro es dedicado a las familias Zepeda y Glon, y a todos los niños de todas las edades, en todas partes, que quieren aprender cómo se planta y se cultiva la manzana en el Norte de Indiana.

Rocío de la Mañana

La mañana estaba mojada
con ciento por ciento humedad—
mis huesos viejos adoloridos
esperaban que apareciera el sol.

Por la densidad de la niebla
era difícil ver las manzanas;
las coyunturas tiesas de mi cuerpo
me dolían al subir la escalera.

Mis zapatos estaban empapados—
la bolsa de lona pesaba como piedra.
Voces en la oscuridad me preguntaban:
"¿Puedes ver las manzanas?"

"No, todavía no; es muy temprano."
"¿Te lavaste la cara esta mañana?"
    "Oh, sí. Siempre lo hago…
        con el rocío de la mañana."

Adán Zepeda

3

Aquí hay dos hombres plantando árboles de manzana. Se plantan en marzo o en abril cuando todavía hace un poco de frío en el norte de Indiana.

4

Estos pequeños árboles tienen sólo unos cuantos meses
cuando son traídos de la plantación (nursery). Miden de
treinta a cuarenta pulgadas de altura y tienen pequeñas
raíces y casi ninguna rama.

Después de varias semanas de estar plantados, los
cultivadores de manzana pintan de blanco el tronco de
cada árbol a una altura de treinta pulgadas de la tierra.
La pintura protege a los árboles de los conejos y de otros
animales que buscan alimento durante el invierno.

Otra forma de proteger los pequeños árboles es poniendo
una barra de jabón perfumado en cada árbol. A los venados
les gusta comerse los manzanos tiernos. La fragancia del
jabón hace que ellos crean que un ser humano está cerca
y se mantienen alejados. Esto les da tiempo a los árboles
para crecer.

Al siguiente año los cultivadores ponen pinzas para la ropa
en las ramas de los manzanos. ¿Por qué? -te preguntarás.
Las pinzas para la ropa hacen que las ramas crezcan
distanciadas y éso le da una forma bonita al árbol. Los árboles
necesitan ser podados cada año para mantener su forma.

Si los manzanos han sido bien cuidados, van a tener bonitas flores. Una florecita hace una manzana grande y jugosa. Sin embargo, fuertes lluvias y vientos pueden tumbar algunas flores y entonces habrá menos manzanas.

Estos manzanos tienen cuatro años de haber sido plantados y tienen cientos y cientos de flores. Desafortunadamente esta es una época peligrosa del año. A veces un frente frío azota la región con temperaturas congelantes, y los cultivadores de manzana pierden la cosecha.

¿Has notado unos cajones de madera en los huertos? Dentro de ellos hay miles de abejas. Su trabajo es hacer la polinización de las flores de cada árbol. Ellas vuelan de flor en flor para tomar su dulce néctar y convertirlo en miel, la miel que vemos en frascos en los supermercados.

El polen de las flores se pega a las patas de las abejas
mientras ellas vuelan de flor en flor. El polen es pasado de una
flor a otra también. Después de algunas semanas, los pétalos
de las flores se caen y muy pronto empezamos a ver
manzanitas verdes. Estas son muy agrias y necesitan tiempo
para crecer, madurar y desarrollar su sabor dulce.

Si las condiciones son mejores que normalmente, demasiadas manzanas empiezan a crecer. Cuando ésto sucede, los cultivadores eliminan algunas de ellas. Esto se hace usando un rocío químico que causa que algunas de las manzanas del tamaño de canicas se caigan. La eliminación puede también hacerse a mano pero esto lleva mucho más tiempo.

El tiempo es un factor muy importante para los cultivadores de manzana. Por ejemplo, aquí ves enormes máquinas de viento con grandes hélices. Las hélices son operadas por un motor de diesel muy potente que está a un lado de las máquinas. Al girar, las hélices empujan aire cálido de arriba hacia abajo a través de los árboles cuando la temperatura baja al punto de congelación, o sea 32 grados Farenheit. El aire cálido mantiene las manzanitas tibias también.

13

Una forma muy costosa de salvar la cosecha es contratando un helicóptero y un piloto para ayudar. El piloto vuela hacia adelante y hacia atrás sobre las áreas más frías. A una altura de cuarenta a cincuenta pies de altura el aire es más cálido, y el movimiento de las hélices del helicóptero forza el aire templado hacia abajo. Pero es muy importante que el piloto sepa donde están las áreas más frías. Y es realmente muy simple hacérselo saber.

Uno o dos hombres trabajan durante la noche examinando los termómetros que tienen en los huertos. Cuando ellos encuentran una área fría, se la señalan al piloto del helicóptero con sus linternas para que vuele sobre esa área hasta que la temperatura aumente.

Otros cultivadores de manzana utilizan calentadores de aceite para salvar sus cosechas. Alguien tiene que estar a cargo de poner el aceite en los calentadores y encenderlos para calentar las áreas más frías.

Cuando las manzanas completan su crecimiento tienen un
bonito color y muy, muy buen sabor. Pero demasiadas
manzanas no son buenas para el árbol, especialmente en
los árboles jóvenes. El peso de las manzanas a veces
quiebra las ramas porque son muy delgadas.

Los árboles de más edad son más fuertes; ellos pueden
soportar el peso de cientos y cientos de manzanas.
Desgraciadamente cuando los árboles crecen muy altos
algunos cultivadores tienen que cortar sus copas para poder
alcanzar la fruta más alta. También los cortan de los lados, lo
cual hace que los árboles se vean cuadrados.

Pero ¿cómo lo hacen? Algunos cultivadores de manzana tienen una máquina como ésta que puedes ver aquí. Esta máquina cuesta miles de dólares, pero hace muy buen trabajo. Puede cortar ramas hasta de tres o cuatro pulgadas de diámetro.

Los piscadores de manzana prefieren los árboles jóvenes sobre
los viejos. Estos no son tan altos y es más fácil alcanzar la
fruta. Como a los piscadores les pagan por canasto (bushel),
ellos pueden ganar más dinero. No cualquier persona es buen
piscador. Se requiere habilidad y mucha experiencia para hacer
el trabajo rápido y bien.

Las manzanas son muy delicadas y pueden dañarse fácilmente.
Es por éso que los piscadores usan bolsas de lona especiales
para proteger la fruta. También ellos deben cargar una
escalera de diez y seis pies de largo para alcanzar la fruta de
las copas de los manzanos. Un buen piscador puede piscar
hasta doscientos canastos de manzanas al día si la cosecha
es buena.

Algunos cultivadores tienen bodegas como refrigeradores gigantes donde almacenar cientos de canastos de manzanas. Otros tienen cuartos especiales con un control atmosférico que puede mantener las manzanas frescas y crujients al morderlas hasta por seis meses o más, siempre y cuando esos cuartos permanezcan cerrados.

Las manzanas son llevadas del almacén a los supermercados locales y fuera del estado en grandes camiones. Los camiones también tienen unidades de refrigeración para mantener las manzanas frescas hasta llegar a su destino final.

Si tú te has preguntado alguna vez de dónde viene la sidra, se hace así: Esta máquina especial corta las manzanas en pequeños pedazos y los prensa entre sus cilindros. El jugo de las manzanas cae dentro de un tanque. El desperdicio, o sea las cáscaras y las semillas de las manzanas, viaja por una correa al exterior de la máquina, y es transportado a los campos para ser regresado a la tierra como fertilizante.

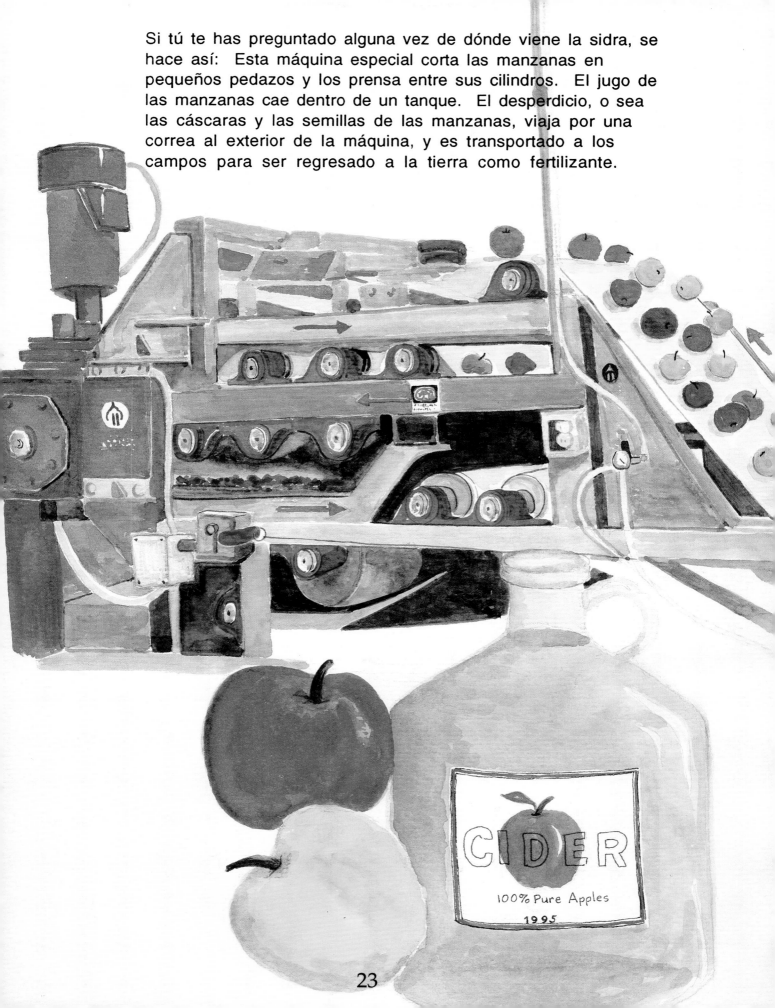

Después de prensar cientos de canastos de manzanas los cultivadores almacenan la sidra en grandes tanques de acero inoxidable. Después la sidra es puesta en recipients de un galón y de medio galón. El delicioso sabor de la sidra se obtiene mezclando diferentes clases de manzanas.

Te sorprenderá saber cuántas manzanas se necesitan para hacer un galón de sidra. Depende del tamaño y de la clase de manzana.

Normalmente un canasto de manzanas grandes hace aproximadamente de tres a tres y medio galones de sidra. Un canasto de manzanas puede pesar hasta cuarenta y dos libras.

En un canasto medida bushel caben cincuenta y seis manzanas de las más grandes, o ciento treinta y ocho de las más pequeñas. En los supermercados y puestos de fruta puedes encontrar manzanas de todos tamaños, variedades y colores.

Otra cosa que debes saber y recordar es cuánto tiempo puede un
manzano vivir y producir fruta. Esto depende del terreno donde
está plantado, del clima, y de la clase de cuidado que recibe
el árbol durante su crecimiento. Este árbol de manzanas
doradas deliciosas tiene aproximadamente de setenta y cinco a
ochenta años de edad, y aún está produciendo muchas, muchas
sabrosas manzanas.

Los cultivadores de manzanas están constantemente plantando nuevas y mejores variedades de fruta. Por ejemplo, estos árboles de cuatro años de edad eran de cierta variedad. Por alguna razón no le gustaron al cultivador esas manzanas, tal vez eran muy pequeñas o muy agrias. Entonces ordenó que se les cortaran las ramas a los árboles y que una nueva y mejor variedad de manzanas se injertara en su tronco original.

Aquí, solamente dos años después, puedes ver unos de esos mismos árboles de manzana cargados con manzanas doradas deliciosas; y son, en verdad, deliciosas. Te las recomiendo. Ahora ya sabes como los cultivadores de manzana plantan y cuidan los árboles para obtener esas manzanas. Tú has leído el libro y has visto los retratos.

El cultivador siempre trata de producir manzanas a menor costopara él y para el consumidor. ¡Ese eres **tú**! Para que te cuesten menos tus manzanas, algunas veces se te permite a tí piscarlas. Tal vez tú has visto los letreros que dicen "Tú piscas" enfrente de los huertos.

El método más moderno para plantar manzanos se muestra aquí: árboles de manzana que crecen casi como parras, muy juntos y muy tupidos. Las ramas son estimuladas para que crezcan a lo largo de soportes de alambre. Esto facilita podarlos y rociarlos con los químicos necesarios. Además, las manzanas reciben más sol, lo cual las ayuda a tener mejor color. Este método permite plantar más árboles por acre, lo que significa más manzanas para todos.

Esta es solamente una parte de la historia de la manzana. Hay muchas maneras de usar y disfrutar esta deliciosa fruta: en mantequilla o puré de manzana, en pastel de manzana, en jugo de manzana, manzanas cubiertas con caramelo, o simplemente saboreando una manzana al natural.

Algunas personas labran caritas en las manzanas, las ponen a secar y después hacen muñecas con ellas. Tú tal vez puedas pensar en otras formas de usar la deliciosa manzana.

Algunos regalos del árbol de manzana...

VINAGRE

100%

Manzana de Sainete

MANTEQUILLA DE MANZANA

SIDRA
JUGO DE MANZANA
100% PURO

Puré de Manzana

JUGO DE MANZANA

JUGO DE MANZANA

CANELA

NANCY GLON

¿QUE APRENDISTE?

1. ¿En qué tiempo del año se plantan los manzanos en el Norte de Indiana?
2. ¿Cuál es el punto de congelación en grados Farenheit?
3. ¿Recuerdas por qué pintan los manzanos tiernos de blanco?
4. ¿Con qué propósito se pone jabón fragante en los manzanos tiernos?
5. ¿Por qué se ponen pinzas para la ropa en los manzanos tiernos?
6. ¿A qué altitud vuelan los helicópteros cuando están empujando el aire cálido hacia abajo?
7. ¿Cuánto pesa un bushel de manzanas?
8. ¿Por qué los piscadores prefieren piscar árboles jovenes y pequeños?
9. ¿Por qué los piscadores usan bolsas de lona cuando piscan manzanas?
10. ¿Dónde almacenan los cultivadores las manzanas por largos periodos de tiempo?
11. ¿Tú sabes cómo la máquina hace la sidra?
12. Hay como 16 bushels en cada caja de madera en la página 31. Si un buen piscador pisca 200 bushels en un día, cuántas cajas puede llenar?
13. Nombra varias cosas que tú has comido hechas de manzana. Usa los dibujos en la página 32 para ayudarte.
14. ¿Dónde nació el autor del libro **Manzanas Por Vida**?
15. ¿Sabes el nombre de la ilustradora del libro **Manzanas Por Vida**?

SI CONTESTASTE TODAS ESTAS PREGUNTAS CORRECTAMENTE, TU APRENDISTE MUCHAS COSAS NUEVAS.

HERE IS A LIST OF WORDS YOU WILL FIND IN THIS BOOK

Spanish	English	Spanish	English
Marzo	March	El Tiempo	The Weather
Abril	April	Cálido	Warm
Arbol(es)	Tree(s)	Calentadores	Heaters
Manzano	Apple tree	Cuadrados	Square
Manzana	Apple	Piscadores	Pickers
Poco	Little	Doscientos	Two hundred
Frío	Cool, chilly	Bodegas	Warehouse
Treinta	Thirty	Camiones	Trucks
Cuarenta	Forty	Sidra	Cider
Hombre	Man	Tierra	Earth
Blanco	White	Canasto	Basket (bushel)
Flores	Flowers	Año	Year
Jugo	Juice	Libro	Book
Ciento(s)	Hundred(s)	Doradas	Golden
Miel	Honey	Huertos	Orchards
Abeja	Bee	Sol	Sun
Agrias	Sour	Vinagre	Vinegar
Dulce	Sweet	Vida	Life